scénario
Gép

dessins et couleur
Édith Chambon

éditions mouck

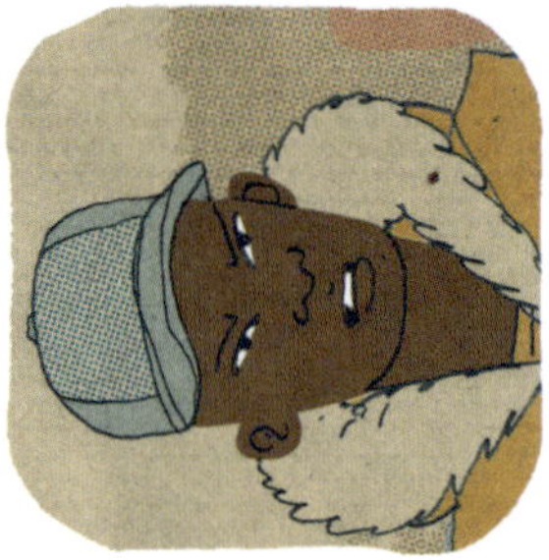

MOSQUITO

1 an et 1/2 - Rat blanc de provenance indéterminée - Intelligent - Il connaît tout de la vie de Sonia et sait garder les secrets - Très fier de figurer sur le profil Facebook de Sonia.

SONIA

11 ans et un peu plus - À peine sortie de l'enfance, elle ressemble à une coccinelle avec son éternel bonnet rouge - N'a peur de rien, têtue, pleine d'idées farfelues - Pas très à l'aise sur Facebook - Elle kiffe Salomé.

SALOMÉ

12 ans et déjà roi du hip-hop - Il danse comme un dieu, toutes les filles en sont folles - Sous ses airs de vedette, c'est un garçon sensible et attachant.

CHLOÉ

12 ans – Un peu langue de vipère mais sympa – Connaît tout le monde, se mêle de tout, fréquente le même collège que Salomé - Sonia l'envie beaucoup pour ça.

Merci aux fans de la collection « Graines d'ados » pour leurs encouragements.

Gép - Edith Chambon

Sonia n'a que 11 ans, mais avec son petit air branché et ses écouteurs sur les oreilles on se doute qu'elle ne joue plus à la poupée. Pour le moment, ce qui l'intéresse c'est de télécharger de la musique sur son ordinateur et chatter sur les réseaux sociaux.

Sur son profil elle a mis sa photo avec son bonnet rouge et son rat Mosquito. Maintenant, quand elle se promène dans la rue, elle a l'impression que tout le monde la reconnaît.

Le soir, après le collège, Sonia rentre chez elle et s'enferme dans sa chambre. Elle ne veut pas que maman regarde sur son ordinateur.

Depuis que ses parents sont divorcés elle pense qu'elle doit se débrouiller toute seule. 273 amis, c'est déjà pas si mal !

Pendant que Mosquito joue avec la souris, Sonia discute avec son amoureux.

Salomé est un super danseur de hip-hop. Toutes les filles en sont folles. La première fois que Sonia l'a rencontré c'était lors d'une démonstration au Centre socioculturel. Elle s'en souvient encore...

Mais Sonia ne se décourage pas facilement. Elle est venue tous les samedis au Centre, elle a appris à danser le hip-hop...

Un jour, Salomé a fini par remarquer cette petite coccinelle coiffée d'un bonnet rouge, et la coccinelle est entrée dans son cœur...

Dommage que Salomé ne soit pas dans le même collège. Sonia aimerait bien le voir plus souvent. Heureusement qu'il y a Internet! On peut se parler en direct, s'envoyer des photos...

Bientôt Salomé va participer à un grand concours de hip-hop, il se demande s'il sera prêt à temps. Sonia est restée une grande partie de la nuit à lui remonter le moral.

Ce matin Sonia a mis son bonnet sur la tête et des écouteurs par dessous. Elle se sent un peu vaseuse et s'enferme dans sa bulle. De toute façon il n'y a rien d'intéressant à voir, la ville est grise et les gens pas marrants.

Devant la grille du collège, sa copine Elodie remarque ses petits yeux fatigués.

Pendant le cours de Français, Sonia a du mal à rester éveillée. Cela fait plusieurs soirs de suite qu'elle chatte sur Internet. En plus, madame Chazeille a le chic pour raconter des histoires compliquées...

Il paraît qu'Ulysse est un héros achéen qui combattit le monstre Colossus et le cyclope Polyphème... Sonia sent ses paupières s'alourdir et s'endort en rêvant...

Quand Sonia se réveille, elle n'est pas sur l'île d'Ithaque, ni même dans son lit avec Mosquito qui la chatouille de ses moustaches,... Il n'y a plus personne dans la classe, à part madame Chazeille qui la regarde d'un air sévère.

À la sortie des cours, Sonia se dit que c'est vraiment dur la 6ème. De nouveaux profs, de nouvelles matières, des tonnes de devoirs à faire...
Avec tout ça il ne reste pas beaucoup de place pour les histoires de cœur !
Sonia aimerait savoir comment est décorée la chambre de Salomé, comment sont ses parents....

Décidément, cette petite coccinelle est pleine d'idées aussi farfelues que romantiques.

Même sa copine Élodie a du mal à suivre.

Après avoir tourné longtemps dans le quartier, Sonia a fini par trouver l'immeuble de Salomé. L'ascenseur est en panne, il faut monter les six étages à pied.

Sonia sent son cœur battre, elle imagine déjà son petit copain ouvrir la porte...

...et lui sauter au cou.

Mais c'est la maman de Salomé qui apparaît dans un magnifique boubou coloré. Elle vient du Mali et parle le Bambara.

Dans la grande pièce Salomé fait manger sa sœur à la petite cuillère.

Sonia est confortablement installée sur des coussins. Elle boit le dégué, une boisson épaisse à base de semoule de mil et de yaourt que lui a offerte la maman. C'est délicieux ! La famille s'agrandit, des gens rentrent, sortent, Salomé à l'air un peu gêné...

Sonia apprend quelques mots de Bambara : « mba » ça veut dire maman, « ayi » non, « awa » oui.... Finalement, sous ses airs de caïd, Salomé est un garçon simple et attachant.

Sonia sort son téléphone portable et prend discrètement une photo.

Le soir, après le dîner, Sonia a retrouvé son ordinateur dans sa chambre. Quelle journée ! Elle a l'impression d'être entrée dans une nouvelle famille.

La photo de Salomé avec sa petite sœur est vraiment trop sympa. Elle aimerait bien en faire profiter ses 273 amis. Sans réfléchir elle taggue la photo sur Facebook avec un commentaire...

Sonia s'endort en pensant à mémé Claudette et son album photos. À chaque fois qu'elle va lui rendre visite, elle y a droit. On la reconnait sur la plage avec sa bouée quand elle avait 7 ans. Sonia n'aimerait pas qu'on la voit comme cela aujourd'hui...

Mémé
est plutôt vieux jeu,
elle ne comprend rien aux
nouvelles technologies, un peu
comme madame Chazeille...

Quelques jours plus tard, la photo de Salomé avec sa petite sœur a fait le tour du web. Toutes ses copines rigolent ! Il y en a même qui l'appellent babysister.

Salomé est furieux. Sonia vient chez lui sans prévenir, elle prend des photos et en plus elle balance sur le Net. Ses copains sont bien d'accord.

Sonia ne se doute de rien, à la sortie du métro elle consulte ses messages sur son portable. D'habitude Salomé lui envoie un petit cœur rose qui bat, ou bien un mot gentil... Cette fois le ton est différent.

Sonia n'en revient pas ! Elle se demande si elle n'a pas fait une bêtise. Elle qui croyait bien faire...

Il faudra qu'elle en parle aux copines.

Ce soir là justement elle dort chez Élodie. Chloé, la langue de vipère a été invitée elle aussi. Ca promet !

Après le repas préparé par maman, les filles se sont réfugiées dans la chambre. Allongées sous les couvertures elles en profitent pour papoter.
Il paraît que Rachel fume dans les toilettes, Aurélie a de gros nénés...

Rapidement la conversation tourne au vinaigre. Sonia se rend compte que tout le monde est au courant ! La photo de Salomé a fait le tour de ses amis, des amis de ses amis..., peut-être de gens qu'elle ne connaît même pas. En tout cas ce n'est pas à Chloé de lui faire la morale !

Depuis quelques jours, Sonia n'a pas mis en marche son ordinateur. De toute façon, quand elle envoie des messages sur son mur personne ne lui répond. Ou juste pour lui lancer des vannes... Et puis il n'est même pas beau avec ses vieux post-it. On aurait presque envie de le mettre à la cave.

Maintenant Sonia prend le temps de faire ses devoirs. Pour se détendre elle joue aux gommettes, colle, découpe, dessine des bonhommes. Elle a même ressorti ses playmobils et se souvient qu'elle y jouait avec papa. Une fois ils avaient passés tout un après-midi à construire un château. Papa était même sorti pour acheter une princesse...

Sonia n'a plus de nouvelles de Salomé et ses copines la boudent.
C'est dommage de perdre les gens qu'on aime sur un malentendu.

Sonia se demande si elle ne va pas laisser tomber définitivement l'ordi,
le portable et tout le reste.

Elle va se remettre à écrire des petits mots en classe, comme quand elle était au CP.

Au moins on se crêpait le chignon dans la cour de l'école et puis c'était fini…

Le lendemain Sonia est seule avec sa mère. Elles ne se parlent plus beaucoup depuis que papa est parti, pourtant elles auraient tant de choses à se dire ...

Il y a longtemps que la mère et la fille n'ont pas échangé des confidences. Cela fait du bien de se parler en tête à tête, avec un vrai visage en face de soi, de vrais pleurs, de vrais rires...

C'est le grand déballage, maman aussi a un compte sur Facebook ! Elle ne sait pas trop s'en servir et accepte n'importe quelle invitation.

Toutes les deux se mettent à rire. Finalement c'est une super soirée, Sonia apprend à maman à parler le langage des ados.

Salomé n'ose plus sortir de chez lui, il se demande ce qu'on peut bien dire de lui. Bientôt c'est le jour du concours, il n'a pas encore de nom de scène mais l'important est de bien travailler ses figures. Dans sa chambre il s'entraîne devant sa petite soeur, elle aussi voudrait bien réussir une « vrille » une « scorpion » ou une « baby freez »...

Salomé regrette de s'être fâché avec Sonia. Le soir, au moment de dormir, le casque sur les oreilles, il garde les yeux ouverts. Il pense à sa petite coccinelle... C'est elle qui savait le motiver, le réconforter.

Maintenant il est sûr qu'il va louper son concours. D'ailleurs il n'y aura personne pour le soutenir...

Au collège, Sonia n'en mène pas large... Elle a une petite idée pour rattraper sa gaffe mais elle ne peut rien faire toute seule. Facebook c'est bien, mais il faut savoir s'en servir.

Pour l'instant la meilleure chose pour Sonia est de se réconcilier avec sa copine.

Au CDI madame Chazeille est installée devant l'ordinateur. Sonia et Elodie voudraient bien prendre sa place. Madame Chazeille devant un écran d'ordinateur c'est pas normal tout de même !

Sonia a tout raconté à la prof de Français : Salomé, la photo, la petite sœur, Internet... Finalement, Ulysse et Salomé sont tous les deux des héros... Madame Chazeille est bien d'accord. Et puis ce n'est pas parce qu'on approche de la retraite qu'on ne sait pas lancer un buzz. Sonia et Elodie n'en reviennent pas de leur nouvelle copine.

À elles trois elles vont faire un malheur !

C'est le grand jour, sur le chemin du Centre socioculturel Salomé est inquiet, mais ses copains le rassurent.

ET MAINTENANT
BABY-SISTER SUPER STAR !!
CLAP CLAP CLAP

AU FAIT
ÇA VEUT DIRE QUOI J'TE KIFFE ?

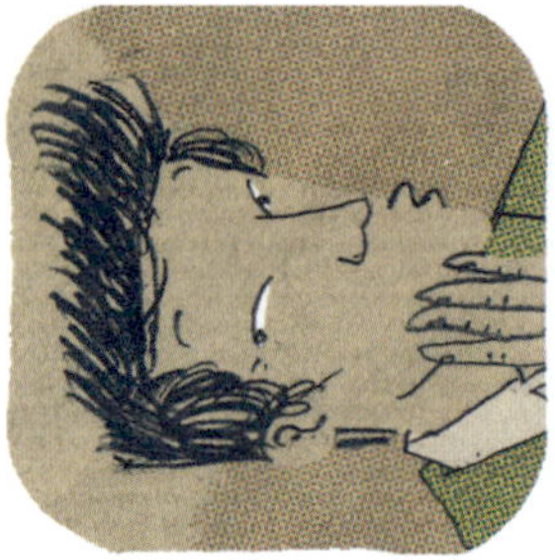